EDICIONES ANTÍGONA

Teatro

EDICIONES ANTÍGONA

© José Luis Baños de Cos, 2024
© Introducción de Agustín Carlos Barruz, Asociación Cultural Orlando Hernández Martín, 2024
© Para todos los países en lengua española:
Ediciones Antígona, S. L.
C/ Prim 15, local. 28004 (Madrid)
Tel: 91.119.17.32 / 640.631.054
info@edicionesantigona.com
www.edicionesantigona.com

Primera edición, 2024

Directora de la colección: Conchita Piña
Diseño y arte de cubiertas: IJdesign sobre una imagen de tongdee
Director editorial: Isaac Juncos Cianca

ISBN: 978-84-10060-26-5
Depósito legal: M-22708-2024

Impreso en España / Printed in Spain

La vida interior
de los seres planta

José Luis Baños de Cos

I Certamen Internacional
de Textos Teatrales
Orlando Hernández Martín

ÍNDICE

Introducción

La Asociación Cultural Orlando Hernández Martín tiene entre sus fines, según estipula el cap. I, art. 2.9. de sus Estatutos Sociales, «Organizar y promocionar congresos, conferencias, exposiciones, concursos literarios, programas televisivos, radiofónicos y todo acto cultural cuyo fin sea divulgar la obra literaria de Orlando Hernández Martín y su memoria». Por ello, la Asociación, recogiendo las inquietudes de nuestro dramaturgo sobre las vicisitudes y dificultades a las que se enfrentan autores, directores, actores y actrices en el panorama escénico español, tanto para la creación, como para la representación de sus obras, crea el *Certamen Internacional de Textos Teatrales Orlando Hernández Martín* con el objetivo de promocionar la obra literaria y el legado artístico del autor agüimense Orlando Hernández Martín, así como para estimular la creación literaria en el género dramático, promover su difusión y el fomento de su lectura, aportando su apoyo cómplice a todos los componentes que configuran el arte escénico en España. El progreso de una sociedad sólo se consigue a través del espejo dramático, pues es el arte escénico el que indaga en lo más profundo del alma colectiva. A este propósito se han unido el Ayuntamiento de Agüimes, con su alcalde don Óscar

Hernández Suárez, el Cabildo de Gran Canaria, presidido por don Antonio Morales Méndez, y Ediciones Antígona, con cuya colaboración nos ha permitido crear el concurso literario y poder editar la obra que resulte premiada cada año. Esperamos que la cooperación que se inicia con la publicación de esta primera obra sea duradera, fructífera y obtenga, con la inspiración de Talía y Melpómene, el reconocimiento del público.

Agustín Carlos Barruz, Asociación Cultural
Orlando Hernández Martín

La normalidad es un camino pavimentado.
Es cómodo para caminar, pero nunca crecerán flores en él.
Vincent Van Gogh

Nuestra imaginación es la que ve y no los ojos.
Benito Pérez Galdós, *Marianela*

Lo que existe fuera de ti es una proyección de lo que existe en tu interior.
Lo que hay dentro de ti es una proyección de lo que existe fuera de ti.
Haruki Murakami, *Kafka en la orilla*

DRAMATIS PERSONAE

VALERIA[1]
ÓLIVER
JARDINER@[2]
ULF
ESTELA
GURÚ
MÉDICO
BENEFACTORES
VIOLINISTA

Nota sobre el texto:
Una barra inclinada / indica un discurso interrumpido

---

[1] Sobre la cabeza de Valeria nunca habrá nada. El buen hacer de los actores y actrices deberá crear la debida sugestión para creer que existe algo.
[2] Este personaje responde a un concepto y, como tal, no responde a sexo alguno.

PRIMERA ETAPA: UNA SEMILLA QUE GERMINA

1

En el dormitorio, en una mesa de noche, una Epiphyllum Oxypetalum (Reina de la noche). En la cama, ÓLIVER *lee el periódico.* VALERIA *está en otra habitación.*

ÓLIVER
 ¿Cómo puede ser que ese cretino esté entre los autores más vendidos? Plagiador sin escrúpulos.*(Pausa.)* Mira, al menos, una buena noticia. *(Gritando para que le oiga.)* Esto no te quitará el dolor de cabeza pero, igual, te ayuda.

VALERIA
 (En off.) ¿Qué dices?

ÓLIVER
 Tu empresa ya no está en la lista de las cinco empresas que más CO_2 emiten.

 VALERIA *entra lavándose los dientes.*

VALERIA
 ¿De verdad? Déjame ver.

ÓLIVER
¿Te has tomado el paracetamol?

VALERIA
No.

ÓLIVER
¿Por qué no te lo has tomado?

VALERIA
No, digo que no hemos salido de la lista.

ÓLIVER
Pero no aparecéis.

VALERIA
Nos vamos a fusionar con la segunda.

VALERIA *regresa al lavabo a enjuagarse.*

ÓLIVER
Entiendo. Es lógico que entonces andes estresada. Los cambios siempre son complicados.

VALERIA *aparece de nuevo y comienza a ponerse el pijama.*

VALERIA
Lo más seguro es que me ofrezcan llevar el transvase cuando se cierre la fusión.

ÓLIVER
¿En serio? No me habías dicho nada.

VALERIA
Todavía no es del todo seguro, pero mañana Ulf me ha citado en su despacho.

ÓLIVER

Eso es una gran noticia, ¿no?

VALERIA

Supongo.

ÓLIVER

No pareces muy convencida.

VALERIA

Sí, no. No sé.

ÓLIVER

¿Qué no sabes? Es una gran oportunidad.

VALERIA

Sí, lo sé. No es eso.

ÓLIVER

¿Entonces? ¿De qué se trata?

VALERIA

Supongo que nada.

ÓLIVER

Nada. De acuerdo.

Silencio.

VALERIA

¿Sabes esa sensación de ir por los pasillos del metro y de pronto, sin causa alguna, te contagias de las prisas del resto de pasajeros?

ÓLIVER

La verdad, no estoy seguro. No uso mucho el metro, no me inspira.

VALERIA

Llevo un temporada sintiendo como si una corriente invisible me arrastrara. Da igual lo que haga, siempre termino corriendo a una velocidad y en una dirección que percibo que no es la mía, que en el fondo no me interesa. *(Pausa.)* ¿Tiene algún sentido esto que digo?

ÓLIVER

No sé, supongo.

VALERIA

¡Y encima la cabeza me va a explotar!

ÓLIVER

Estás cansada, nada más. No le des más vueltas. El paracetamol te hará efecto pronto. Será mejor que nos acostemos. Mañana hablaremos cuando estés mejor.

VALERIA

(Se mete en la cama.) Sí, será lo mejor. Buenas noches.

ÓLIVER

Buenas noches. Descansa.

> ÓLIVER *apaga la luz.*
> *En la cama duermen* VALERIA *y* ÓLIVER.
> *De debajo de la cama aparece* JARDINER@.
> *Se sacude y alisa el mono de trabajo. Alegre, observa el descansar de* VALERIA.

JARDINER@

El ciclo de la vida de las plantas posee varias fases o etapas. Estas dependerán de la especie que se trate y su modo de reproducción, ya que puede ser una reproducción sexual o asexual.

Levanta el edredón y observa el cuerpo inmóvil de VALERIA.

JARDINER@

En nuestro caso de estudio la reproducción es sexual. La semilla es la primera fase en el ciclo de la vida de estas plantas. Podemos encontrar diferentes tipos de semillas con multitud de formas y estructuras. Como es el caso de las plantas angiospermas, por ejemplo. Cuyas semillas están contenidas dentro de un recubrimiento carnoso, el cual conocemos como fruto. Así sucede con las manzanas, las naranjas o los aguacates, entre otros. Por otro lado, las plantas gimnospermas muestran semillas desnudas sin ningún tipo de protección. Es el caso del pino, del abeto o el tejo, entre otros. Lo que sí es igual para todas es la incertidumbre de si la semilla germinará o no. Para que esto suceda la semilla debe recibir ciertas señales desde afuera, desde su entorno próximo. Si estas señales llegan a producirse es, entonces, cuando empieza a empujar la cubierta seminal hasta lograr romperla y salir.

Silencio.
Observa sonriente a VALERIA *que duerme.*

JARDINER@

En el caso de Valeria desconocemos desde cuando posee la semilla. En cambio, sí sabemos que esta noche, en la que se ha acostado con un terrible dolor de cabeza, las señales necesarias han llegado. Y algo, finalmente, despertó dentro de ella.

Suena el despertador.
VALERIA *lo apaga y descubre la hora que es.*

VALERIA

¡Mierda! ¡Mierda! ¿Por qué sonó tan tarde?

En penumbra, sin percatarse de la presencia de Jardiner@, *se viste velozmente, y sale de la habitación a toda prisa hasta llegar al despacho de* Ulf.

2

En el despacho de Ulf *una Dracaena fragrans posee un lugar central.*

Ulf

Gracias, Estela. Prepare toda la documentación para el nombramiento en cuanto se haga pública la fusión.

Estela

Sí, no se preocupe, todo estará preparado.

Ulf

Estela, por cierto.

Estela

Señor.

Ulf *la observa fijamente unos segundos.*

Ulf

Me gusta su pañuelo.

Estela

Gracias. Con su permiso.

Estela *sale.*

Ulf

Mi querida Valeria.

VALERIA
Ulf.

ULF
¿Cuántos años hace que nos conocemos?

VALERIA
Pues, la verdad…

ULF
Muchos, muchísimos. Aún recuerdo cuando entraste como becaria y como, poco a poco, fuiste subiendo y subiendo hasta convertirte, no te lo voy a negar, en mi mano derecha.

VALERIA
Gracias, Ulf. Todo lo que sé es gracias a ti.

ULF
Sin duda has demostrado una gran capacidad de trabajo. Incluso, me consta, sacrificando parte de tu vida privada. Por cierto, ¿qué tal le va a Óliver con sus novelas?

VALERIA
Bien, gracias.

ULF
Me alegro. *(Pausa breve.)* ¿Te has hecho algo en el pelo? Te veo cambiada.

VALERIA
No, nada.

ULF
Serán cosas mías, pero desde que entraste… no sé, da

igual. Como decía, eres una pieza muy importante en esta familia. Ya sabes que tengo tres hijas.

VALERIA

Sí, las tres maravillosas.

ULF

Y que por ellas lo daría todo.

VALERIA

Sin duda.

ULF

Y tú, Valeria, para mí eres como una cuarta hija. ¡Cuántas veces pensé en invitarte a pasar las navidades en el Caribe con nosotros!

VALERIA

Gracias, Ulf. Tú eres como un padre.

ULF

Es más, puedo decir que eres como me hubiera gustado que fuesen mis tres hijas.

VALERIA

Me halagas, no es para tanto. Ellas son buenas chicas.

ULF

Te lo mereces, realmente, te lo mereces. Estoy convencido de que sin ti, la fusión no se hubiera conseguido.

VALERIA

Bueno, somos un equipo. Todos somos importantes.

ULF

¿Ves? Hasta en eso eres maravillosa. Modesta, humilde, generosa…

VALERIA

Por favor, Ulf, vas a conseguir que me ruborice.

ULF

Karl tiene mucha suerte.

VALERIA

¿Karl?

> ULF *comienza a mirar con más atención la parte superior de la cabeza de* VALERIA.

ULF

¿En serio que no has ido a la peluquería…?

VALERIA

¿Qué quieres decir?

ULF

Que te veo distinta. Sí. Es como si tuvieses algo distinto en el pelo…

VALERIA

Me refiero a Karl.

ULF

¿Karl? No, Karl sigue igual de calvo que siempre.

VALERIA

No, dijiste que Karl tenía mucha suerte.

ULF

No sé si se puede calificar tener mucha suerte a estar como la palma de una mano.

VALERIA

No hablo de su alopecia.

ULF

Menos mal.

VALERIA

Sino a por qué tiene suerte.

ULF

Porque trabajarás bajo sus órdenes para realizar la fusión.

VALERIA

¿Para Karl?

ULF

Sí. Él se encargará del transvase en cuanto se oficialice.

VALERIA

Pero él... él no ha estado en las negociaciones... y yo, yo trabajé más que nadie para que se lograra.

ULF

Lo sé.

VALERIA

No lo entiendo. Como tú mismo acabas de reconocer, sin mi intervención no se hubiera conseguido. Debería ser yo la encargada de llevar a cabo la fusión.

ULF

Sí, puede ser.

VALERIA

Lo es y lo sabes.

ULF ya sólo presta atención a algo que ha descubierto y que asoma en la cabeza de VALERIA.

ULF
Tú…, tú…

VALERIA
Yo soy la persona idónea para el cargo. Lo he demostrado durante todos estos meses en este asunto y durante años en la empresa.

ULF
¿Qué te pasa?

VALERIA
¿Cómo puedes preguntarme qué me pasa? Lo sabes de sobra.

ULF
La verdad es que…

VALERIA
Durante semanas me rondaba la cabeza.

ULF
¿Ya lo sabías?

VALERIA
Lo sospechaba, pero no quise creerlo.

ULF
Desde luego, es difícil de creer.

VALERIA
¿Es hasta aquí dónde voy a llegar? ¿Siempre voy a ser la

mano derecha de alguien? Primero la tuya, luego la de Karl y después de cualquier otro.

ULF

No puede ser.

VALERIA

Pues claro que no. No quiero ser mano de nadie. Quiero ser la cabeza, mi propia cabeza por la que brote/

ULF

(Señalando la parte superior de la cabeza de VALERIA.*)* ¿Una planta?

VALERIA

¿Qué?

3

VALERIA *entra de prisa en los aseos de la empresa y se mete en una cabina.*
De la cabina de al lado, sale JARDINER@.

JARDINER@

Cuando se rompe la cubierta seminal y aparece el primer signo de vida, se produce un gran *shock*. El embrión de la planta se ha desarrollado y sale al mundo. Se denomina plántula a esta planta en sus primeros estadios de desarrollo, desde que germina hasta que brotan las primeras hojas verdaderas. *(Pausa breve.)* Es un instante muy intenso.

JARDINER@ *abre la puerta de la cabina en cuyo interior se encuentra* VALERIA *que, incrédula, sentada sobre el retrete, observa la parte superior de su cabeza con la ayuda de un espejo de mano.*

VALERIA

¡Me cago en…! ¡Pero qué hostia es esto!

JARDINER@

Sí, realmente, un instante muy intenso. *(Pausa breve.)* La primera cosa que vemos cuando una semilla germina es una raíz muy pequeñita. Apenas unos centímetros, pero suficientes para tomar su espacio en el universo físico. Poco después, observamos una o dos hojas simples, que llamamos cotiledones y que ayudarán a la plántula en crecimiento a realizar la fotosíntesis para alimentarse. Pero no nos adelantemos, sigamos el ritmo vital y disfrutemos de la travesía.

VALERIA

¡No puede ser! ¡Debo estar soñando! ¡Dios! ¿Cómo es posible?

> JARDINER@ *vuelve a entrar en la cabina de la que salió y cierra la puerta tras de sí.*
> VALERIA, *sin dejar de observarse en el espejo, acaricia con precaución la parte superior de su cabeza.*

VALERIA

Ahora sí que… ¿Cómo diablos me ha pasado esto a mí? Pero ¿por qué? ¿Por qué? Es una pesadilla.

> VALERIA *empieza a llorar.*
> *Del interior de la cabina donde estaba* JARDINER@, *suena el sonido de una cisterna al ser tirada y una mano ofrece un pañuelo de papel desde arriba del panel.*

ESTELA

(En off.) No les des el gusto.

Valeria

(Coge el pañuelo y se limpia las lágrimas.) Gracias.

Estela *sale de la cabina y permanece fuera, mirándose en el espejo.*

Estela

No, en serio. No les des el gusto de llorar. Lo que te han hecho es una… una putada. Todo el mundo lo sabe. Todos saben que tú te mereces llevar a cabo el transvase, que tú has trabajado más que nadie para que la fusión llegara a buen puerto.

Valeria

Gracias.

Estela

¿Y cómo te lo agradece? ¿Eh? ¿Cómo? Eligiendo a Karl que no tiene ni la cuarta parte del mérito que tú tienes. Lo he visto tantas veces. Ulf es otro cerdo más, con sus buenos modales sacados del manual de buenos modales, pero otro cerdo más. *(Imitando a* Ulf.*)* Estela, por cierto, me gusta su pañuelo. ¡*Oing, oing*! ¿Qué podemos esperar de un mundo así? ¿Qué? ¿Qué podemos? Nada. Absolutamente nada. Nosotras debemos trabajar el doble de duro para demostrar que somos buenas en nuestra labor. ¡*Oing, oing*! Este mundo es una pocilga. Sí, eso es: ¡Mundo po-cil-ga! ¿Qué creen que nosotras sólo somos plantas para adornar?

Valeria *sale de la cabina y* Estela, *por primera vez, se percata de la parte superior de la cabeza de esta.*

Valeria

¿Me podrías dejar tu pañuelo? *(Pausa breve.)* Tengo que ir a un sitio.

Estela, *petrificada, le entrega el pañuelo.*

4

El Gurú *sobre una escalera de mano.*

Gurú

En verdad, en verdad os digo que si el grano de trigo no cae en tierra y muere, queda él solo; pero si cae en la tierra y muere, da mucho fruto. El que ama su vida, la pierde; y el que odia su vida en este mundo, la guardará para una vida eterna. ¿Acaso hay otra verdad más liberadora? ¡Hermanos! ¡Hermanas! ¡El inicio de una nueva era está próximo!

5

En un consultorio médico.
El Médico *está con una cinta métrica, tomando anotaciones y explorando la parte superior de la cabeza de* Valeria. *En un lugar visible se encuentra una pintura de un Encephalartos woodii.*

Valeria

Siento haberme presentado aquí, sin avisar. No sabía qué hacer.

Médico

Hiciste bien. Te conozco desde que eras una niña, imaginaba que sería algo grave, pero... Séis centímetros y medio. Realmente es un caso insólito. Dos hojas y una a punto de salir.

Valeria

¿Qué es?

Médico

Diámetro del tallo, casi tres milímetros. Parece una planta.

VALERIA
Sí, pero ¿es una especie de hongo o algo parecido?

MÉDICO
No soy especialista en botánica, pero yo diría que es una planta. Su consistencia y verticalidad es bastante sólida.

VALERIA
¿Puedes quitármela?

MÉDICO
¿Quitártela? Bueno, no es tan fácil. Hay que hacer más pruebas.

> *El* MÉDICO *le entrega una imagen de TAC.*
> VALERIA *la observa detenidamente incapaz de distinguir nada.*

MÉDICO
Según muestra la imagen del TAC está bastante enraizada.

VALERIA
¿Enraizada? ¿A qué te refieres? ¿Como si fuera un pelo?

MÉDICO
No exactamente. El pelo nace en la dermis, una capa subcutánea relativamente más cercana a la piel.

VALERIA
No entiendo nada.

MÉDICO
En tu caso, lo que llamaremos raíz, procede de un punto más profundo.

VALERIA
¿Cuánto más?

MÉDICO
De la zona donde se sitúa el sistema límbico.

VALERIA
¿El sistema límbico?

MÉDICO
El llamado cerebro emocional, el encargado de regular nuestras emociones, así como la memoria y el aprendizaje.

VALERIA
¿Significa que voy a dejar de sentir emociones?

El MÉDICO *le tira de una oreja.*

VALERIA
(Enfadada.) ¿Pero qué haces?

MÉDICO
Responder a tu pregunta. Como acabas de comprobar, continúas teniendo emociones. Lo que quiero decir es que todo en ti parece funcionar normalmente.

VALERIA
Y lo que me sale de la cabeza ¿entonces es normal?

MÉDICO
Excepto eso, claro. Si hiciéramos una intervención para extraerla correríamos el riesgo de alterar esa armonía existente dentro de tu cerebro, el equilibrio de tu ecosistema, por así decirlo.
(Pausa breve.) Verás, hace años, en un congreso en Viena,

un colega expuso un caso que puede tener alguna seme-
janza al tuyo.

VALERIA

¿De verdad?

MÉDICO

Un hombre acudió al hospital porque le costaba respirar.
Al realizarle radiografías, descubrieron una extraña man-
cha en uno de sus pulmones. Enseguida pensaron que se
trataba de un tumor. Sin embargo, todas las pruebas die-
ron resultado negativo para cáncer. Tras semanas de
estudios, terminaron descubriendo que el paciente tenía
una planta de guisantes de varios centímetros germinan-
do en su pulmón.

VALERIA

¿Guisantes?

MÉDICO

Así es. La hipótesis más plausible es que, meses antes, el
hombre hubiese comido guisantes y uno de ellos, en
lugar de bajar por el esófago, se hubiese metido en la trá-
quea y de ahí a los bronquios.

VALERIA

¿Me estás diciendo que me comí una semilla y que subió
hasta mi cerebro?

MÉDICO

No, no hay conducto para eso. Es del todo imposible.

VALERIA

¿Entonces?

MÉDICO

Lo que trato de explicar es que, habitualmente, todo es más sencillo de lo que creemos. En ocasiones, nuestro cuerpo se limita a mandarnos señales: dolores, náuseas, manchas, cambios de humor/

VALERIA

¿Una planta?

MÉDICO

En tu caso, sí. Es una señal también, una señal de algo. Si averiguamos de qué, obtendremos el por qué. Es la consecuencia de un problema, no es el problema, es la propia consecuencia.

6

ESTELA *en un invernadero.*

ESTELA

Cuando era pequeña, mis dos hermanas y yo pasábamos los veranos en la aldea junto a mis abuelos. Recuerdo que un verano descubrimos las películas de Tarzán, esas en blanco y negro donde Johnny Weissmüller iba de liana en liana gritando «¡*ahhhh, ahhhh, ahhhh*!». Nos maravillaba. ¿Cómo no? Vivir aventuras junto a su chimpancé Chita, luchando para mantener a salvo la selva. Por supuesto, cuando jugábamos ninguna queríamos ser Jane. La pobre Jane representaba la parte civilizada, iba vestida, marcaba horarios, normas… Pero siempre me tocaba a mí hacer de ella porque me daba miedo subirme a los árboles. Yo miraba con envidia y admiración cómo mis hermanas subían a las ramas, y desde allí decían: «Yo, Tarzán». «Yo, Chita» y, señalándome a mí, abajo, añadían, «tú, Jane». Una tarde, cuando íbamos a empezar nuestro juego, apareció de entre los arbustos un jabalí. Mis hermanas rápidamente se subieron a un árbol y yo, empujada por el miedo, me subí con ellas. Permanecimos arriba asustadas hasta que al cabo de un rato el jabalí desapareció. Después, mis hermanas me felicitaron y me preguntaron cómo lo había logrado. Ni yo misma lo sabía. En aquel instante sólo recordaba cómo una desconocida fuerza interior me había empujado a trepar. *(Pausa breve.)* Esa tarde me dejaron ser la protagonista del juego y fui Tarzán. *(Pausa breve.)* Nunca más lo volví a ser a lo largo de mi vida.

7

VALERIA *entra en el dormitorio seguida por* ÓLIVER. *Ella lleva el pañuelo de* ESTELA *cubriendo su cabeza.*

ÓLIVER

¿Por qué? ¿Por qué no me has avisado?

VALERIA

Lo siento.

ÓLIVER

¿Estás bien?

VALERIA

Sí.

ÓLIVER

¿Qué ha pasado? ¿Dónde estabas? Llevo horas tratando de dar contigo.

VALERIA
Quise avisarte.

ÓLIVER
¿Y por qué no lo has hecho?

VALERIA
Olvidé el teléfono en la empresa.

ÓLIVER
No tienes ni idea de lo preocupado que estaba. Ulf me llamó al mediodía diciéndome que estabas rara, que parecías otra persona.

VALERIA
¿Dijo que parecía otra persona?

ÓLIVER
Sí, me dijo que no te habías tomado nada bien la decisión de elegir a Karl.

VALERIA
¡Ah!, sí, Karl.

ÓLIVER
Que te marchaste como una enajenada.

VALERIA
Como una enajenada…

ÓLIVER
¿Se trata de eso? ¿Es por el nombramiento?

VALERIA
No, eso ya no importa.

ÓLIVER

Sé que has trabajado mucho para conseguirlo. Pero piénsalo bien, igual es una señal.

VALERIA

Otra más. Debe ser el día de las señales.

ÓLIVER

¿El día? ¿De qué hablas? Da lo mismo. Lo que digo es que igual es el momento de parar y pensar en nosotros.

VALERIA

¿En nosotros? Siempre pienso en nosotros.

ÓLIVER

Sí, no es eso. La cuestión es que es una oportunidad para dar un paso más. He hablado con mi agente y tengo nuevas ideas/

VALERIA

¿Un paso más? ¿Hacia dónde?

ÓLIVER

Para crear una familia.

VALERIA

¿Hablas de tener un hijo?

ÓLIVER

Piénsalo, si te hubieran nombrado sería del todo imposible y/

VALERIA

No creo yo que/

ÓLIVER
¿Por qué? ¿Por tu carrera?

VALERIA
No.

ÓLIVER
Además, Ulf conoce tu valía y lo comprenderá.

VALERIA
No.

ÓLIVER
Pero no te puedes comportar así ¿qué pensará?

VALERIA
No.

ÓLIVER
Ya lo verás, tener un hijo no tiene que ser/

VALERIA
(Elevando un poco la voz.) No.

ÓLIVER
Es hora de que demos un paso adelante.

VALERIA
(Casi gritando.) ¡No!

Silencio.

ÓLIVER
No sé qué diablos te pasa. Ulf tiene razón, pareces otra persona. Anoche me sales con lo del metro y el río que te arrastra.

VALERIA
    La corriente.

ÓLIVER
    ¿Qué más da río o corriente? Luego te comportas como una loca delante de tu jefe y desapareces toda la tarde sin dar señales de vida.

VALERIA
    Es difícil de explicar.

ÓLIVER
    Pues inténtalo, vamos. ¿Qué te está pasando? *(Silencio.)* Adelante, Valeria, explícamelo.

    Silencio.

VALERIA
    Bien, ¿y si tuvierais razón?

ÓLIVER
    ¿Quienes?

VALERIA
    Ulf y tú.

ÓLIVER
    ¿En qué?

VALERIA
    En que soy otra persona.

ÓLIVER
    No digas disparates.

VALERIA

No, de verdad. Y si siempre he sido otra y nunca lo he sabido.

ÓLIVER

En serio, no me apetece bromear. Estoy tratando de comprenderte.

VALERIA

No, piénsalo por un momento. ¿Y si siempre me he obligado a ser algo que no era?

ÓLIVER

No sé si has bebido o qué. Primero desapareces y, ahora, me vienes con eso. No tiene gracia alguna, Valeria.

VALERIA

No, la verdad es que no la tiene.

VALERIA, *duda. Finalmente, se quita el pañuelo y* ÓLIVER, *aterrado, retrocede al observar la parte superior de su cabeza.*

Segunda etapa: el crecimiento

8

Jardiner@ riega la Dracaena fragrans en el despacho de Ulf, mientras este revisa unos documentos.

Jardiner@

Esta fase del ciclo vital de la planta es posiblemente la más delicada. La semilla ha germinado. La plántula se abre paso y, por primera vez desde que brotó, se encuentra expuesta a la vida. Ahora ya no hay nada que la proteja ante los factores medioambientales. Y es aquí cuando la planta debe adaptarse al ecosistema que le rodea si quiere sobrevivir. *(Pausa breve.)* Para tener éxito la planta necesitará autoafirmar su existencia y lograr imponer su auténtico yo. Y es que todos hemos visto alguna vez una flor crecer en la diminuta grieta de un muro de cemento, ¿no es verdad?

Llega Valeria con el pañuelo de Estela en la cabeza.
Jardiner@ la observa sonriente antes de marchar.
Ulf siente atracción por lo que esconde el pañuelo de Valeria.

Ulf

Mi querida Valeria, siéntate.

VALERIA

Ulf.

ULF

Me alegra verte, después de lo que sucedió ayer... yo... *(Pausa breve.)* ¿Cuántos años hace que nos conocemos?

VALERIA

Muchos.

ULF

Sí, así es, muchísimos. *(Pausa breve.)* Aún recuerdo cuando entraste como becaria y como, poco a poco, fuiste subiendo y subiendo hasta convertirte, no te lo voy a negar, en/

VALERIA

En tu mano derecha.

ULF

(Desconcertado.) Sí, así es... *(Pausa breve.)* Eres como de la familia... por cierto, ¿qué tal Óliver?

VALERIA

No lo sé. Anoche cogió una maleta y su *Reina de la noche* y se marchó de casa porque, según él, ya no soy la mujer de la que se había enamorado.

Silencio.

ULF

(Incómodo.) No... no lo sabía... Pensé que Óliver y tú... Bien, espero que... Desde luego si... *(Pausa breve. Tose.)* Me gusta tu pañuelo.

Silencio.

VALERIA
Gracias.

ULF
Sí, muy bonito… *(Pausa breve.)* En fin, como decía ya sabes que tengo tres hijas y/

VALERIA
Darías todo por ellas y yo soy como una cuarta hija para ti, ¿no?

Silencio.

ULF
Pues/

VALERIA
Y siempre pensaste en invitarme a pasar las navidades en el Caribe…

ULF
(Desconcertado.) Sí, efectivamente… *(Pausa breve.)* Muy colorido, por cierto.

VALERIA
¿Colorido?

ULF
El pañuelo. Muchos colores.

VALERIA
Sí.

ULF
Iré sin más rodeos al motivo de esta reunión. He hablado con Karl.

VALERIA

¡Ah! Karl.

ULF

Sí, y los dos hemos llegado a la conclusión de que será mejor que no intervengas en la fusión.

VALERIA

Tú y Karl.

ULF

Efectivamente.

VALERIA

¿Me estáis apartado?

ULF

No creemos que estés pasando una buena época.

VALERIA

Primero era tu mano derecha, luego iba ser la de Karl y, ahora, sólo soy un residuo desechable.

ULF

No sé qué te está pasando, Valeria. Quizás lo de Óliver te está afectando. Lo cierto es que no te vemos igual. Lo mejor es que te tomes unas vacaciones.

VALERIA

¿Unas vacaciones?

ULF

Sí, hasta que la fusión se complete. *(Pausa breve.)* ¿Es nuevo...? Me refiero al... el pañuelo.

VALERIA
Le he dado mucho a esta fusión.

ULF
Aprovecha para descansar. Haz yoga, recarga energías, arregla las cosas con Óliver... Luego podrás reincorporarte en el nuevo organigrama. Ya verás como, después, todo volverá a ser como antes.

VALERIA
No.

ULF
¿No?

VALERIA
No.

ULF
Así que no.

VALERIA
Así es, no.

ULF
Ya veo, no.

VALERIA
No.

ULF
Definitivamente, no.

VALERIA
No.

Silencio corto.

ULF

Perdona, pero no ¿a qué, exactamente, Valeria?

VALERIA

A lo que has dicho.

ULF

¿A lo de hacer yoga? ¿A recargar energías? ¿A arreglarlo con Óliver?

VALERIA

No, lo de que todo vuelva a ser como antes.

ULF

No te entiendo, Valeria. Pero ¿por qué no?

VALERIA

Porque ya no sé si pueden ser las cosas como antes y ni siquiera sé si quiero que lo sean.

VALERIA *suspira y se libera del pañuelo mostrando la parte superior de su cabeza ante el asombro de* ULF.

9

El GURÚ *sobre una escalera de mano.*

GURÚ

En verdad, en verdad os digo: la buscáis, no porque hayáis visto señales, sino porque habéis respirado su aire y os habéis saciado. Los que no nacen de nuevo no podrán ver el nuevo reino. Permaneced en ella, y ella en vosotros. Como el sarmiento no puede dar fruto por sí mismo si no permanece en la vid, así tampoco vosotros si no permanecéis en ella.

10

VALERIA, *con el pañuelo en la mano, entra en los aseos de la empresa y comienza a mirar por debajo de las puertas.*

VALERIA
¿Estela? ¿Estás aquí, Estela?

Del interior de una de las cabinas se escucha la voz de ESTELA.

ESTELA
(En off.) Sí, ahora salgo.

Se escucha tirar de una cisterna y, segundos más tarde, sale ESTELA.

VALERIA
Hola, perdona que te asalte de este modo. Me dijeron que estabas aquí.

ESTELA, *visiblemente nerviosa, trata de contenerse y no mirar la parte superior de la cabeza de* VALERIA.

ESTELA
No tiene importancia.

VALERIA
Quería devolvértelo y darte las gracias.

ESTELA
No hay de qué, mujer. Quédatelo. Me compré dos iguales. Además te queda mejor a ti.

VALERIA

No es sólo por el pañuelo, sino también por tus palabras de ayer.

ESTELA

Espero que te ayudaran. A veces empiezo a hablar y hablar y no sé cuándo parar. Siempre estoy pontificando, parece que me dan cuerda...

Silencio corto.

VALERIA

Puedes mirarla.

ESTELA

¿Mirar? ¿El qué?

VALERIA

Mi cabeza. No me molesta.

ESTELA

No sé a qué te refieres.

VALERIA

No me importa. Ya estoy cansada de esconderla.

ESTELA

¿De qué estás/?

> VALERIA *le coge la mano a* ESTELA *y la lleva, suavemente, a su cabeza.*
> ESTELA *duda si tocarla.*
> *Silencio.*

ESTELA

Es algo…

VALERIA

Adelante, no tengas miedo.

ESTELA

Es... es realmente prodigioso… Es un verdadero milagro.

VALERIA

No es para tanto.

ESTELA

¿Te duele?

VALERIA

Apenas la noto.

ESTELA

¿No te molesta llevarla ahí, arriba?

VALERIA

Aunque parezca mentira, sólo me molesta cuando la cubro.

Silencio.

ESTELA

Gracias.

VALERIA

No las merece.

ESTELA

¿Qué vas a hacer ahora?

VALERIA

No lo sé. Ulf me ha invitado, con sus buenos modales *oing-oing*, a dejar la empresa. Así que tengo bastante tiempo para darle un sentido a todo esto.

ESTELA

Ya veo. Pero me refería a la próxima hora.

VALERIA

¡Ah! ¡Qué tonta! Pensé que…

ESTELA

Quisiera que me acompañaras a un lugar.

VALERIA

¿A dónde?

ESTELA

A un lugar donde igual puedas encontrar sentido a lo que te está ocurriendo.

11

En un invernadero, ULF, *inclinado sobre un bancal de tierra. Con herramientas prepara la tierra para sembrar.* ULF *viste camisa hawaiana, gafas de sol y un gorro de Papá Noel. De su cuello cuelga un collar de espumillón.*

ULF

En Navidad, cuando era niño, nunca se ponía árbol en casa. Un árbol de esos, un abeto o un pino, uno cualquiera.
Y no era porque no se adornara la casa por navidad, porque sí se ponía un Belén enorme que ocupaba toda la mesa del salón.

Al nacimiento le poníamos musgo, papel de aluminio para hacer el río e, incluso, bolitas de poliespán para la nieve.
(Silencio.)
Pero nunca poníamos árbol.
No, nunca.
Pero el Belén, en cambio, nunca faltaba.
Creo que mis padres no querían comprar ningún árbol.
Sí teníamos una de esas plantas que parecen palmeras pequeñas, ¿cómo se llaman?
Una tropical…
No recuerdo el nombre.
(Comienza a enterrar diferentes adornos navideños.) Entonces, lo que hacíamos mis hermanos y yo, era colocar espumillón en la planta y algún adorno más y, así, hacía de árbol de navidad.
Era muy extraño contemplar el portal nevado junto a la planta tropical.
Era algo del todo incongruente, incluso, bizarro.
Pero a nosotros nos daba igual.
Nos gustaba y todos los años lo hacíamos.
(Silencio.)
De esa casa nos marchamos cuando tenía once años.
Y ya no volví a verla más.
De hecho, aunque hubiera querido, no hubiera podido.
Al poco, derrumbaron el edificio para construir uno con más pisos y balcones.
(Silencio. Ulf *empieza a regar lo sembrado.)*
Con esa casa me sucede algo que no puedo explicar.
Cuando sueño con alguien de mi familia: mi madre, mi padre, mis hermanos…, da igual quién sea…
Siempre estamos en ella…
Nunca en otra.
Siempre esa misma casa, siempre con esa planta tropical…

12

VALERIA *y* ESTELA *llegan a la sede clandestina de GreenPower, donde el* GURÚ *está hablando desde una escalera de mano.*

ESTELA
Siento no haber confiado en ti antes. Pero el secretismo era esencial.

VALERIA
La verdad, no sé qué decir. Nunca lo hubiera sospechado.

ESTELA
Esa era la intención, no levantar sospechas.

VALERIA
Ya, ya, me imagino. Lo que quiero decir es que después de…

ESTELA
Ocho años y siete meses.

VALERIA
Sí, eso. Después de todo ese tiempo nadie sospechara de ti.

ESTELA
Fue duro, no lo voy a negar.

VALERIA
Entonces, la filtración a la prensa de los vertidos sin descontaminar en el Mediterráneo…

ESTELA
Yo.

VALERIA
Y lo de la contaminación del acuífero del sur…

ESTELA
También yo.

VALERIA
Supongo que, también, lo del pago a los funcionarios de la República Democrática del Congo para/

ESTELA
¿La obtención de licencias mineras? Sí. Y lo de Oaxaca en México y lo de Cerro de Pasco en Perú...

VALERIA
¡Vaya! Todos buscando el origen de las filtraciones y eras tú.

ESTELA
¿Quién iba a pensar mal de un simple adorno? ¿Verdad? Lo bueno de mi posición es que soy como una planta… Lo siento. Quiero decir que parece que estoy quieta, pero lo que hago es moverme a otra velocidad.

VALERIA
¿Y por qué confías en mí? Podría ir a Ulf y delatarte para recuperar mi puesto.

ESTELA
Podrías, pero sé que no lo harás.

VALERIA
Pareces muy segura.

ESTELA
Llevo mucho tiempo observándote y sé que no eres como ellos.

VALERIA
No, ni como nadie.

ESTELA
Por eso te he traído aquí.

VALERIA
Siempre pensé que GreenPower era un invento.

ESTELA
¿Un invento?

VALERIA
Sí, ya sabes. Una invención para equilibrar la balanza medioambiental. El «coco» ecologista, el justiciero invisible que doblega a las multinacionales.

ESTELA
Curioso.

VALERIA
Una creación para calmar las conciencias. Puedo seguir conduciendo sin preocuparme cuánto CO_2 expulso, ¡GreenPower ya está luchando por mí!

ESTELA
Serías muy buena haciendo eslóganes.

VALERIA
Será para lo único para lo que puedo servir ahora.

ESTELA
En eso te equivocas. Puedes servir para mucho más, por eso estamos aquí. Quiero que conozcas a alguien. Vuelvo enseguida.

ESTELA se acerca al GURÚ que está subido a una escalera de mano. Tras unas palabras, el GURÚ mira hacia VALERIA. Finalmente, ESTELA y el GURÚ van junto a ella.

ESTELA
Valeria, te presento a nuestro maestro espiritual, el Gurú de GreenPower.

VALERIA
Es un placer.

GURÚ
Llevábamos mucho tiempo esperando tu llegada, Valeria.

VALERIA
Lo siento, no sabía... perdón, ¿quién me esperaba?

GURÚ
La humanidad.

VALERIA
No sé, igual no tanta gente...

GURÚ
Eres la elegida, Valeria.

VALERIA
¿La elegida? ¿La elegida para qué?

GURÚ
Para alumbrar la nueva era que está por llegar.

VALERIA
¡Eh... yo... eh... uf! Necesito tomar aire. Lo siento, tengo que irme.

VALERIA sale precipitadamente.

Tercera etapa: la reproducción

13

En la consulta. El Médico va tomando notas.

MÉDICO

Al margen de la flor, parece que, después de ocho días, no hay ninguna novedad. Todo sigue por los cauces normales. ¿Cómo te encuentras?

VALERIA

Aunque ni yo misma pueda creerlo, me siento como nunca antes.

MÉDICO

Entiendo.

VALERIA

Pero en el buen sentido.

MÉDICO

Interesante.

VALERIA

No sé si tiene que ver con lo que me está sucediendo.

MÉDICO
Seguro que sí, todo está conectado.

VALERIA
Me siento extrañamente bien.

MÉDICO
¿Por qué extrañamente?

VALERIA
Porque lo normal sería que estuviera hecha una mierda con todo lo que me está ocurriendo, pero no lo estoy.

MÉDICO
En tu caso hay poco de normal, te lo puedo garantizar.

VALERIA
A eso me refiero, ¿y si, simplemente, no soy normal?

MÉDICO
Eso seguro.

VALERIA
¿Qué sucede si la normalidad era la razón de estar mal? Es como si todo esto, lo que me está pasando, me estuviera empujando a…

Silencio.

MÉDICO
¿A qué?

VALERIA
A una especie de… de reinicio.

MÉDICO

Interesante teoría.

VALERIA

Quiero decir que, por primera vez en la vida, llego a pensar que soy otra distinta. Soy algo como única.

MÉDICO

No sabes cómo me alegra oírte decir eso.

VALERIA

Supongo que gracias.

MÉDICO

Porque según los resultados de la prueba no podemos extirpártela.

VALERIA

¿Qué?

MÉDICO

Como sospechábamos está tan enraizada en el sistema límbico que es imposible extraerla sin poner en riesgo tu vida. Por otro lado, la buena noticia es que tu salud es perfecta y que, como bien dices, eres única.

VALERIA

Como única.

MÉDICO

Da lo mismo.

VALERIA

Ya, pero quizás tampoco sea eso para ir celebrándolo.

MÉDICO

Pero acabas de decir que/

VALERIA

Sí, sí, sé lo que he dicho, pero eso fue antes de saber que no había una solución.

MÉDICO

¿Qué tiene de malo ser única? Debe ser una experiencia maravillosa. Daría cualquier cosa por serlo. Yo nunca lo he sido. Tengo un hermano gemelo, me gradué en medicina junto a un centenar de compañeros, como y visto como miles de personas y ni siquiera fui el único amor que tuvo mi mujer. ¡Ah! Y si metes mi nombre y apellidos en Google, te sale más de tres millones de personas que se llaman como yo.

VALERIA

Me da miedo.

MÉDICO

A mí también, muchas personas con el mismo nombre.

VALERIA

No, quiero decir, el sentirme única. Ser un bicho raro.

MÉDICO

¿Por qué?

VALERIA

Porque, porque me hace sentir como si todo el mundo estuviera mirándome en cuanto pongo un pie en la calle.

MÉDICO

Puede ser, siempre hay gente pendiente de todo.

VALERIA
No me puedo esconder en la multitud de la normalidad.

MÉDICO
Sí, es cierto, lo normal abunda y es fácil camuflarse en ella.

VALERIA
Es como si, fuera a donde fuera, llevara un foco sobre mí.

MÉDICO
Ya veo... Pero si es así, se supone que con más luz verás mejor el camino, ¿no?

14

En el dormitorio VALERIA *y* ÓLIVER. VALERIA *tiene cubierta su cabeza con el pañuelo.*

ÓLIVER
Lo primero que quiero es pedirte disculpas. Mi reacción no fue muy adulta.

VALERIA
No, no lo fue.

ÓLIVER
Absolutamente nada.

VALERIA
Absolutamente.

ÓLIVER
Salir huyendo…

VALERIA
No es, precisamente, muy adulto, desde luego.

ÓLIVER
No, lo siento mucho.

VALERIA
Supongo que no es lo que uno espera.

VALERIA se rasca la cabeza disimuladamente.

ÓLIVER
Aun así... Realmente no sé qué me pasó. Será esta crisis creativa que me hace más sensible. Me avergüenza reconocerlo, entré en pánico.

VALERIA
Parece que es la reacción más generalizada.

ÓLIVER
Puede ser, pero no es excusable.

Procedente del baño, durante unos segundos, suena agua correr. Tanto VALERIA y ÓLIVER permanecen ajenos a este ruido.

ÓLIVER
Y el médico, ¿qué te ha dicho?

VALERIA
Por ahora no puede hacer nada.

VALERIA se rasca de nuevo la cabeza.

ÓLIVER
Pero, entonces... No lo entiendo.

Jardiner@ *aparece secándose las manos con una toalla. Tanto* Valeria *y* Óliver *permanecen ajenos a su presencia.*

Valeria
Nadie lo entiende. Pero eso no quita que esté.

Jardiner@
Cuando una planta adulta comienza a florecer es cuando entra en su etapa reproductiva. Existen diferentes tipos de flores: unas son masculinas y otras femeninas, mientras que hay otras que son hermafroditas, es decir, que son tanto masculinas como femeninas. En el caso de Valeria es femenina.

Óliver
¿Y no te da/?

Valeria
No.

Óliver
¿Y un poco de/?

Valeria *se rasca una vez más la cabeza.*

Valeria
Al principio.

Óliver
Pero…

Valeria
Hay días.

Óliver
¿Te molesta?

VALERIA
Sólo cuando la trato de esconder.

ÓLIVER
¿Cómo ahora?

VALERIA
Sí.

JARDINER@
Las partes básica de una flor femenina son: el tallo…

ÓLIVER
Puedes quitártelo.

VALERIA
¿El qué?

JARDINER@
Los pétalos…

ÓLIVER
El pañuelo. Si quieres puedes quitártelo.

VALERIA
No te preocupes.

JARDINER@
Y el pistilo…

ÓLIVER
Por mí no lo hagas.

VALERIA
No. Además no es muy agradable ver de nuevo a tu pareja huir de tu lado.

JARDINER@

El pistilo, a su vez, está compuesto por un estigma, un estilo y un ovario…

ÓLIVER

Lo siento. *(Pausa breve.)* Insisto. Me gustaría verla.

JARDINER@

Algunas flores, además, tienen una suerte de «recipientes»…

VALERIA

¿Verla?

ÓLIVER

Sí.

JARDINER@

En los cuales producen sustancias azucaradas…

VALERIA

¿Estás seguro? No quisiera que/

ÓLIVER

Sí, lo estoy. Por favor.

VALERIA

De acuerdo.

Se quita el pañuelo.

JARDINER@

Estas sustancias son el reclamo ideal para los insectos que las polinizan.

VALERIA

Antes de que digas nada, quiero que sepas que esta que

ves soy yo. Que siempre he sido yo aunque la escondiera. Si hubo algo bueno en mí alguna vez, lo sigue habiendo.

Silencio.

ÓLIVER
Es… bueno… es… difícil de creer.

Lentamente, empieza a dar vueltas alrededor de VALERIA *observando su cabeza.*

VALERIA
Hasta a mí misma me cuesta creerlo.

ÓLIVER
Es… mágico…

VALERIA
Si lo piensas por separado, no es para tanto.

ÓLIVER
Es… hipnótico…

VALERIA
No tiene nada de especial salvo la mezcla, claro.

ÓLIVER
Nunca…, jamás...

VALERIA
Como sacado de un cuadro de Magritte.

ÓLIVER
Me dejarías…

VALERIA
¿Tocarla?

ÓLIVER
No…, tocarte…

VALERIA
¿A mí?

ÓLIVER
Sí.

VALERIA
No sé si eso sería muy normal vista nuestras circunstancias actuales de pareja.

> ÓLIVER, *excitado, le comienza a acariciar suavemente el cuello.*

VALERIA
Aunque no se puede decir que yo sea una experta en normalidad.

> ÓLIVER *acerca su lengua a la oreja de* VALERIA.

VALERIA
Y la normalidad... no… no... tiene por qué ser lo mejor.

> *Ambos se besan excitados y comienzan a desnudarse sobre la cama.*

JARDINER@
El resto del proceso es fácilmente imaginable.

> JARDINER@ *sale.*

15

En el invernadero el Médico.
El Médico *pinta una copia del cuadro de la Encephalartos woodii que tiene en su despacho. A sus pies, descansan varias copias del mismo.*

Médico
Si algo he aprendido durante toda mi carrera como médico es que cualquier organismo vivo es el resultado de millones de años de evolución. Se trata de una obra de arte maestra de la genética. No hay dos iguales. En cada uno existe una especie de sello de autenticidad. Esa autenticidad está compuesta por numerosos y pequeños matices. Porque, realmente, somos eso, simplemente matices. Luego, que nadie se deje engañar: los matices importan.
La Encephalartos woodii es una de las plantas más raras en el mundo. Aunque para los neófitos pueda parecer una palmera más. Lo que la hace tan especial es que no existe en estado silvestre y todos los especímenes son meros clones obtenidos de un mismo ejemplar. Es decir, muchas copias de un solo original. A veces pienso que la sociedad tiende a hacer lo mismo con los seres humanos. Borra nuestros matices para hacernos a todos iguales…
La misma ropa, la misma comida, los mismos deseos, los mismos miedos... Clones en serie de un único patrón. Hemos pasado de la imprenta a la globalización del individuo. Nos han hecho creer que somos únicos y que vistiendo unos pantalones, conduciendo un modelo de coche específico o usando un perfume determinado, nos diferenciaremos del resto y nos hará más especiales… Como si no hubiera millones de pantalones, de coches y perfumes iguales. Ingenuos, ¿no? He de confesar que casi toda mi vida me he escondido dentro de esa masa clonada, eliminando mis matices ante el miedo de ser diferente…

Siempre envidié a la Encephalartos woodii por ser única y, supongo, que por ser tan valiente de existir sabiéndolo...

16

En la sede de GreenPower.
El Gurú *sobre una escalera de mano.* Estela *sigue el discurso desde un lateral.*

Gurú

Y sucedió que al cabo de cuarenta días abrió Noé la ventana del arca que había hecho, y envió un cuervo, el cual salió, y estuvo yendo y volviendo hasta que las aguas se secaron sobre la tierra. Envió también de sí una paloma, para ver si las aguas se habían retirado de sobre la faz de la tierra. Y no halló la paloma dónde sentar la planta de su pie, y volvió a él al arca, porque las aguas estaban aún sobre la faz de toda la tierra.

Valeria *llega junto a* Estela *e intercambian algunas palabras.*

Gurú

Entonces él extendió su mano, y tomándola, la hizo entrar consigo en el arca. Esperó aún otros siete días, y volvió a enviar la paloma fuera del arca. Y la paloma volvió a él a la hora de la tarde; y he aquí que traía una hoja de olivo en el pico; y entendió Noé que las aguas se habían retirado de sobre la tierra[3]... *(Pausa breve.)* ¡Hermanos! ¡Hermanas! La planta es la prueba de que la tierra ha emergido y de que sobre ella la vida vuelve a ser posible. Noé y nosotros, sabemos que sin plantas no puede haber vida sobre la Tierra...

En voz baja, mientras sigue el discurso del Gurú.

---

[3] Génesis 8:6-11.

ESTELA
No tienes por qué disculparte.

VALERIA
Todo ha pasado tan rápido.

ESTELA
No debe ser fácil.

VALERIA
Mis sentidos parecen ir más lentos que la propia realidad.

ESTELA
Igual percibes más cosas que antes.

VALERIA
Sí, puede ser.

ESTELA
Te llevará tiempo adaptarte al cambio. Que hayas venido ya es un paso para esta nueva etapa. Eres muy valiente. Todos estamos muy ilusionados.

VALERIA
¿Ilusionados?

ESTELA
Sí, con tu llegada.

VALERIA
Pero no sé. No sé si realmente estoy/

ESTELA
¿Preparada?

VALERIA

Sí ¿Y si no lo estoy?

ESTELA

Nadie lo sabe. Simplemente las cosas suceden.

VALERIA

Supongo que tienes razón, sólo suceden. *(Pausa breve.)* ¿Y a él?

ESTELA

¿Qué?

VALERIA

¿Cómo le sucedió? Parece estar tan lleno de seguridad. Como si en algún momento hubiera experimentado una revelación o un alumbramiento.

ESTELA

Sí, algo parecido.

VALERIA

¿Sabes entonces cómo le llegó?

ESTELA

Bueno, no hay una versión oficial.

VALERIA

Imagino que para algo así nunca existe.

ESTELA

Según algunos, antes era un alto ejecutivo de una multinacional del petróleo. Tenía dinero, prestigio en los negocios y una mujer de la que estaba locamente enamorado. Una vida idílica.

VALERIA
¿Y? ¿Qué le pasó?

ESTELA
Una noche, su mujer y él fueron a festejar que la multinacional habían logrado una sentencia exculpatoria en una demanda millonaria por vertidos de un petrolero en el Báltico. De vuelta a su casa, en las afueras, el coche se salió de la carretera y se estrelló contra un roble. A pesar de la velocidad y el fuerte impacto, el cinturón le salvó la vida. En cambio, su mujer, no lo llevaba puesto y salió despedida a través de la luna del coche. Cuentan que su cuerpo quedó enganchado entre las ramas más bajas del árbol.

VALERIA
¡Qué horror!

ESTELA
Cuando las asistencias llegaron, a pesar de las múltiples contusiones y cortes, con la ayuda de una escalera de mano que llevaba en el maletero, él había logrado bajar el cuerpo de su mujer muerta al que se abrazaba en silencio.

VALERIA
Tuvo que ser devastador.

ESTELA
Semanas después, al salir del hospital, dimitió de su cargo en la multinacional y comenzó a acudir cada día junto al roble.

VALERIA
¿Y qué hacía allí?

ESTELA
Al principio, dicen que sólo se sentaba sobre la escalera

de mano y permanecía en silencio. Hasta que un día se subió a ella y comenzó a predicar.

El GURÚ *sobre la escalera de mano.*

GURÚ

¡Hermanos! ¡Hermanas! Si mañana las plantas desaparecieran de la Tierra, la vida humana duraría sólo unos meses. Pero si por el contrario, fuese el ser humano el que desapareciera, las plantas recuperarían todo el espacio que le ha sido arrebatado, cubriendo de verde cualquier rastro de nuestra civilización. *(Pausa breve.)* Ahora, yo os pregunto: ¿Quiénes son los seres inferiores?

17

En el invernadero.
El GURÚ *y* VALERIA *junto al bancal de madera.*

GURÚ

Me gusta venir aquí, alejarme del ruido y meditar. Este invernadero es la imagen física de mi espíritu. Aquí dentro, escucho el silencio de la naturaleza. Me recuerda lo que fui, lo que soy y lo que seré. ¿Y tú, Valeria, tienes algún lugar especial al que te guste ir?

VALERIA

No. Hace unos días le hubiera contestado que mi despacho. Aunque si oyera decir esto a otra persona, diría que es la respuesta más triste que se puede dar.

GURÚ

No debes juzgarte. La semilla brota donde tiene que brotar.

VALERIA

Puede ser, pero, a veces, parece que no es el lugar más adecuado.

GURÚ

Siempre es el más adecuado aquel donde brota.

VALERIA

No tengo tan claro que, en este caso, mi cabeza lo sea.

GURÚ

¿Por qué preocuparse por el lugar? Ella lo ha elegido, lo demás carece de importancia. Gracias a su elección hoy estás aquí.

VALERIA

Sí, sobre eso, si le soy sincera, no sé muy bien por qué he venido. Quizás, en el fondo, tengo la esperanza de que me pueda dar una explicación de lo que me está sucediendo.

GURÚ

Una explicación es lo que fue de nuestro yo actual. Y, para eso, nadie mejor que tú para responderte, ¿no crees?

VALERIA

Entonces, si no es por eso, según usted, ¿por qué estoy aquí?

GURÚ

Nuestro pasado nos pesa, pero no nos impide caminar. Es nuestro incierto futuro el que ancla nuestras piernas y no nos deja partir hacia él.

VALERIA

Si está en lo cierto, vine para nada. Desde hace una semana

mi futuro estalló por los aires y ni siquiera quedaron pedazos para recomponerlo.

GURÚ

O, simplemente, ahora, tienes otro que aún desconoces. Un futuro todavía en silencio.

VALERIA

¿En silencio?

GURÚ

Confucio dijo: Una semilla crece sin ruido, pero un árbol cae con un ruido enorme. La destrucción tiene ruido, pero la creación es silenciosa. Este es el poder del silencio.

VALERIA

¿Realmente lo cree?

GURÚ

Lo que yo crea carece de importancia. Lo que verdaderamente importa es lo que tú creas. ¿En qué crees tú, Valeria?

VALERIA

Yo… No sé. Todo en lo que creía se convirtió en algo ridículo.

GURÚ

Creer consiste en dar un salto entre dos estados diferentes, así que podemos decir que ese salto es un acto de valentía. Cuando se produce el salto pasamos a estar en un estado de transición donde quedamos suspendidos hasta alcanzar la nueva creencia… Es esa valentía la que necesitamos cuando no hay nada que nos sostiene.

VALERIA

Honestamente, nunca he sido valiente y menos para dar

un salto como este. No sé si puedo confiar en un nuevo futuro para mí.

GURÚ
Puedes confiar en ella. Tu nuevo futuro se está creando desde el momento que ella te eligió. Y si no me crees, acércate.

VALERIA *se acerca al bancal de madera.*

GURÚ
En la tierra tendrás todas tus respuestas.

VALERIA *hunde sus manos en la tierra.*

GURÚ
Sólo siente.

Silencio.
VALERIA *respira profundamente y cierra los ojos.*

Cuarta etapa: la dispersión de las semillas

18

En la sede de GreenPower.
VALERIA *que permanece sentada sobre un sillón con cierto parecido a un trono, viste una bata de seda. A su lado,* ESTELA, *con un manos libres en la oreja y una tablet. Algo apartado, un violinista espera con los ojos vendados.*

ESTELA
Esta semana eres la portada en la revista *Time. (Le enseña la tablet a* VALERIA.*)* Estás magnífica.

VALERIA
Sí, buena foto. ¿Cuántos quedan?

ESTELA
Dos. ¿Cómo te encuentras?

VALERIA
Estoy cansada.

ESTELA
Aguanta un poco más, sólo quedan estos dos benefactores. Son los más importantes.

VALERIA
Me siento sobrecogida por toda esta gente.

ESTELA
Soy consciente de ello, pero piensa que estas personas están dispuestas a desembolsar importantes cantidades para la causa.

VALERIA
Sí, lo sé. Lo siento. No me debería quejar.

ESTELA
No te disculpes. Han sido semanas de mucho ajetreo. Reunirte con tantos desconocidos, las entrevistas, los largos viajes en coches eléctricos, las charlas con las bases... Si quieres, podemos aplazar mañana la entrevista con *Le Monde* y tomarnos la tarde libre. ¿Qué te parece?

VALERIA
¿Podemos?

ESTELA
Claro.

VALERIA
Gracias, Estela. No sé que haría sin ti.

ESTELA
Si te soy sincera, a mí tampoco me gusta cómo te miran estas personas.

VALERIA
¿No?

ESTELA
No. Ellos te miran como si compraran una obra de arte.

VALERIA
Supongo que les atrae mi... ¿mi originalidad?

ESTELA
Sí, puede ser. Pero eso no les da el privilegio de conocer a la verdadera Valeria.

VALERIA
A veces pienso que ni yo mismo la conozco ya.

ESTELA
Yo si la conozco.

VALERIA
Llevamos ya mucho tiempo juntas en esto.

ESTELA
Es verdad, pero desde nuestro primer encuentro en los aseos de la compañía me sentí como..., como una tarzana.

VALERIA
¿Una tarzana?

ESTELA
Sí, aquel encuentro despertó en mí una fuerza interior desconocida...

VALERIA
Menos mal que no vas gritando como Johnny Weissmüller.

ESTELA
Capaz de hacerme saltar al vacío agarrada sólo de una liana...

VALERIA *emula el grito del personaje de Tarzán.*

ESTELA

Me mostraste que era capaz de alcanzar mi deseo más íntimo.

> ESTELA *se acerca de manera sugerente a* VALERIA *que no se percata.*

VALERIA

¿A modo de realización personal, te refieres?

ESTELA

Exacto, muy personal.

VALERIA

Me alegra oírte decir eso.

ESTELA

A mí también me alegra que te alegre. Para mí eres como… como una Diosa de la naturaleza.

VALERIA

Exageras un poco.

ESTELA

Para nada. Quizás mañana, tú y yo…

VALERIA

¿Sí?

ESTELA

Podríamos tomarnos unas copas…

VALERIA

Siento la boca algo pastosa.

ESTELA
Hablar…

VALERIA
Debería tomar agua, tanto hablar…

ESTELA
Relajarnos…

VALERIA
Cada vez bebo más.

ESTELA
Soltarnos…

VALERIA
Necesidades primarias, supongo.

ESTELA
Y dar rienda suelta a… *(Siente que le hablan por el manos libres y se sobresalta, recuperando la compostura. Hablando a través del manos libres.)* Sí, sí, de acuerdo. Está lista, hazlos pasar.

VALERIA
¿Ya llegaron?

ESTELA
Sí. Seguiremos hablando mañana.

> ESTELA, *antes de salir, toca las palmas y el violinista comienza a tocar.*
> *Entran los dos benefactores con máscaras venecianas y capuz de color morado. Cada uno hace una reverencia a* VALERIA *y le besa la mano.* VALERIA *se levanta y los dos benefactores se*

colocan alrededor de ella. Con la ayuda de los benefactores, VALERIA *se quita la bata de seda quedando desnuda.*
JARDINER@ *entra empujando un elegante carrito donde lleva diferentes herramientas y productos de jardinería, así como de higiene personal y alimenticios.*
Los benefactores empiezan a acicalar con mucha delicadeza la parte superior de la cabeza de VALERIA, *a la vez que limpian su cuerpo.*

JARDINER@

El embrión producido por reproducción sexual queda retenido en el interior de una semilla. En esta etapa será necesario que las semillas se dispersen en busca de territorios donde poder germinar, al igual que si se tratase de discípulos que transmiten la palabra de un nuevo mensaje. Esta dispersión se puede llevar a cabo por medio del viento, del agua y de cualquier animal con el que entre en contacto. Cualquier instrumento es bueno para que el mensaje que contiene la semilla pueble superficies hasta el momento desconocidas. Como si un eslogan o una canción pegadiza se tratase.

JARDINER@ empieza a tararear la canción que toca el violinista.

19

ÓLIVER *en la habitación.*
ÓLIVER *está sentado en la cama manipulando su móvil. Bajo su americana, luce una camiseta con el rostro de* VALERIA.

ÓLIVER

¿Te queda mucho? La reserva es para las nueve.

Aparece VALERIA *con un albornoz y un pañuelo en la cabeza.*

ÓLIVER

¿Pero aún estás sin cambiar? ¿Vas a llevar el pañuelo?

VALERIA

No me apetece salir. Prefiero que nos quedemos aquí.

ÓLIVER

Tengo reservada mesa, no sabes lo difícil que es conseguir reserva en ese restaurante.

VALERIA

Quedémonos aquí y pidamos comida china.

ÓLIVER

¿Comida china? ¿Estás de broma?

VALERIA

O lo que quieras.

ÓLIVER

Lo que quiero es ir al restaurante.

VALERIA

Pues ve tú solo.

ÓLIVER

Quiero que vengas conmigo.

VALERIA

No me apetece. Mañana tengo el rodaje de un anuncio… ¿Y esa camiseta?

ÓLIVER

La compré esta mañana ¿te gusta?

VALERIA

Pues, la verdad, no mucho.

ÓLIVER

¿Por qué? Eres tú.

VALERIA

Gracias por la aclaración.

ÓLIVER

Tendrías que verlo, la marca ha hecho toda una colección dedicada a ti.

VALERIA

Lo que me faltaba.

ÓLIVER

Entiéndelo, ahora eres un referente. Vamos, arréglate y salgamos.

VALERIA

No me apetece.

ÓLIVER

¿El qué?

VALERIA

El ser un referente.

ÓLIVER

De acuerdo. No eres un referente. ¿Nos podemos ir ya a cenar?

VALERIA

No. No me apetece que todos me miren y se quieran sacar una foto conmigo.

ÓLIVER

¿Qué tiene de malo? La gente te admira.

VALERIA

¿Me admira? Pero si no me conocen.

ÓLIVER

Claro que te conocen.

VALERIA

No, sólo me ven por fuera.

ÓLIVER

¿Y cuál es el problema?

VALERIA

Que no me admiran por lo que soy, sino por lo que suponen que soy.

ÓLIVER

¿Y cuál es la diferencia? Mira a Marilyn Monroe o al Ché Guevara o al propio *Jesus Christ*. Todos son iconos. Su transcendencia es mucho mayor que su propia persona. ¿Qué importa que Marilyn fuese una mala actriz? ¿O el Ché un soñador que se chocó con la realidad? ¿Y *Jesus Christ*? Todo lo que se sabe de él viene en un libro que quizás debería estar en la sección de ciencia ficción. Pero a la gente no le importa eso. ¿Sabes por qué?

VALERIA *niega con la cabeza.*

ÓLIVER

Porque ellos representan un ideal que sirve de brújula hacia lo que nos gustaría ser, pero que nunca seremos. Y que existan ellos, ya sea en una camiseta, en un cuadro o en una taza, nos da la tranquilidad de que algo de esa idea está en nosotros y hace que nos sintamos mejores personas.

VALERIA
¿Y qué pasa entonces con la verdad?

ÓLIVER
¿Qué verdad?

VALERIA
La mía. Igual por las noches soy una asesina de gatos.

ÓLIVER
No eres una asesina de gatos.

VALERIA
Lo sé y el no serlo también forma parte de mi verdad.

ÓLIVER
La verdad es sólo una ficción para dar sentido a lo que hacemos. ¿Crees que es lógico tener que reservar con semanas de antelación en un restaurante para terminar cenando algo que puedes cenar en cualquier otro? Evidentemente no. Pero mi verdad dice que es el mejor restaurante de la ciudad y así logro entenderlo.

VALERIA
Yo últimamente no consigo entender nada.

ÓLIVER
Está bien, nos quedaremos en casa. Voy a cambiar la reserva para otro día.

VALERIA
Gracias.

ÓLIVER *manipula su móvil.*

ÓLIVER
Ya está. ¿Nos hacemos un *selfie*?

VALERIA
¿Un *selfie*?

ÓLIVER
Sí, no sé, de recuerdo. Nunca tenemos fotos juntos.

VALERIA
Bueno, como quieras.

Ambos posan ante el móvil.

ÓLIVER
¿No te vas a quitar el pañuelo?

VALERIA
¿Por qué?

ÓLIVER
No sé, parece que estas pintando o de mudanza.

VALERIA *se quita el pañuelo ante la mirada complacida de* ÓLIVER.

VALERIA
¿Ahora?

ÓLIVER
Ahora mucho mejor.

Ambos sonríen al móvil.

VALERIA

¿Puedes pedir para mi sopa *wan tan* y rollito de primavera? Voy a ponerme el pijama.

ÓLIVER

Yo me encargo.

> VALERIA *sale.*
> ÓLIVER *manipula su teléfono móvil.*

ÓLIVER

Esta noche en casa con mi flor. *Hashtag* noche romántica. *Hashtag* comida china. *Hashtag* juntos. *Hashtag love forever.*

> *A los pocos segundos, comienzan a llegar decenas de avisos sonoros de notificaciones al teléfono ante la satisfacción de* ÓLIVER.

20

> *En un estudio de grabación.*
> VALERIA *se dispone a grabar un anuncio.* ESTELA *siempre cerca y, sentado, observando el rodaje,* ÓLIVER.

ESTELA

(Con una claqueta). Anuncio nuevo utilitario eléctrico GreenPower. Toma una.

> *Comienza a sonar We're off to see the wizard de la banda sonora del Mago de Oz.*
> VALERIA *con un volante en las manos, imita el sonido del motor de un coche de combustible.*

VALERIA

Porque no es irreal llegar a la Tierra de Oz. Lo irreal en este anuncio es… Para, para… Me perdí…

La música se detiene.

VALERIA

Ahora es cuando hacía de nuevo el… *(Imita de nuevo el sonido del motor de un coche de combustión.)* De acuerdo. Una nueva toma, por favor.

ESTELA

(Con la claqueta.) Anuncio nuevo utilitario eléctrico GreenPower. Toma dos.

Comienza a sonar de nuevo «We're off to see the wizard».
VALERIA imita de nuevo el sonido del motor de un coche de combustión.

VALERIA

Porque no es irreal este anuncio, sino la Tierra de Oz… Lo siento, lo dije al revés.

La música se detiene.

VALERIA

Vale. Preparada. Cuando queráis.

ESTELA

(Con la claqueta.) Anuncio nuevo utilitario eléctrico GreenPower. Toma tres.

Comienza a sonar de nuevo «We're off to see the wizard».
VALERIA imita una vez más el sonido del motor de un coche de combustión.

VALERIA

Porque no es irreal la Tierra de Oz. Lo irreal son ¿los kilómetros?…

La música se detiene.

VALERIA

Nada, borrarlo. Otra vez, por favor.

ESTELA

(Con la claqueta.) Anuncio nuevo utilitario eléctrico
GreenPower. Toma cuatro.

Comienza a sonar de nuevo «We're off to see the wizard».
VALERIA imita de nuevo el sonido del motor de un coche de
combustión.

VALERIA

Porque no es irreal hacer kilómetros y llegar a la Tierra
de Oz. Lo irreal es ¿este anuncio?…

La música se detiene.

VALERIA

¿Cómo seguía? ¡Ah! Ya lo tengo ¡Claro! Repetimos, una
más. Gracias.

ESTELA

(Con la claqueta.) Anuncio nuevo utilitario eléctrico
GreenPower. Toma cinco.

Comienza a sonar de nuevo «We're off to see the wizard».

VALERIA

Porque no es irreal hacer kilómetros y llegar a la Tierra
de Oz. Lo irreal es el sonido de este anuncio.

VALERIA *imita el sonido del motor de un coche de combustión.*
La música se detiene.

VALERIA
Creo que no hice el sonido del principio, ¿no? De acuerdo. Grabamos de nuevo. ¿Listos?

ESTELA
(Con la claqueta.) Anuncio nuevo utilitario eléctrico GreenPower. Toma seis.

Comienza a sonar de nuevo «We're off to see the wizard».
Valeria imita el sonido del motor de un coche de combustión.

VALERIA
Porque no es irreal hacer kilómetros y llegar a la Tierra de Oz. Lo irreal es el sonido de este anuncio.

VALERIA *imita de nuevo el sonido del motor de un coche de combustión.*
ÓLIVER *comienza a aplaudir.*
ESTELA *le entrega una toalla y una botella de agua a* VALERIA.

ÓLIVER
¡Fantástica! Has estado fantástica.

ESTELA
El que faltaba.

ÓLIVER
Al verte me he preguntado ¿cómo puedo vivir sin ese coche que me llevará hasta Oz?

VALERIA
¿Tú crees? ¿No es un poco ridículo?

ÓLIVER
  ¿Ridículo?

VALERIA
  Sí, lo de…

  Imita el sonido del motor de combustible de un coche.

ESTELA
  Para nada.

ÓLIVER
  Es lo que lo hace fantástico.

ESTELA
  Es ella lo que lo hace fantástico.

ÓLIVER
  Es lo que pretendía decir.

VALERIA
  ¿Qué haces aquí, Óliver?

ÓLIVER
  Vengo a recogerte para ir a comer.

VALERIA
  ¿Habíamos quedado?

ÓLIVER
  ¿Recuerdas que anoche cambié la reserva? Pues hablé con el restaurante y me dijeron que, por ser tú, no habría problemas para que fuéramos hoy, ¿no es genial?

ESTELA
  Evidentemente, no.

ÓLIVER

¡Ah! ¿sí? Y se puede saber la causa.

ESTELA

Porque acordé con Valeria liberarle la agenda esta tarde para que descansara.

ÓLIVER

¿Y qué mejor descanso que ir al mejor restaurante de la ciudad?

ESTELA

Se me ocurren muchos.

ÓLIVER

¿De verdad?

ESTELA

Así es.

ÓLIVER

Creo que te excedes en tu trabajo.

ESTELA

Valeria es algo más que mi trabajo.

ÓLIVER

Sí, tu sueño húmedo.

ESTELA

Al menos yo no huí de su lado cuando más me necesitaba.

> VALERIA, *en silencio, se marcha sin que ninguno de los dos se de cuenta.*

ÓLIVER

Estaba pasando una crisis creativa. Fue un malentendido.

ESTELA

¿Sí?, al igual que cuando la usas para ganar popularidad. *Hastag* mi flor.

ÓLIVER

No tienes ni idea. ¿No ves que ella está conmigo?

ESTELA

También hay mucha gente que pasa tiempo con su perro.

ÓLIVER

Apuesto que no te importaría traerle el periódico todos los días.

ESTELA

¡Bravo! ¡Qué ingenioso eres para ser un escritor fracasado!

ÓLIVER

No voy a perder más tiempo contigo. Valeria la reserva es para… ¿Valeria?

ESTELA

¡Estarás contento!

Sale en busca de VALERIA

ÓLIVER

¡Fuiste tú!

Sale detrás de ESTELA.

21

En el despacho de ULF *con la presencia de la Dracaena fragrans.*
ULF *está sentado. Entra* VALERIA *que lleva gafas de sol y un pañuelo sobre su cabeza tratando de pasar desapercibida.*
ULF, *al verla llegar, siente mucha curiosidad por lo que esconde* VALERIA *bajo su pañuelo.*

ULF
Creí que no vendrías por temor a que pudieran reconocerte.

VALERIA
Lo valoré al recibir tu mensaje. Pero me intrigaba saber cuál era el motivo por el que querías que nos viéramos después de tanto tiempo.

ULF
La verdad es que estás muy distinta. Y no sólo por… ya sabes.

VALERIA
Muchas cosas han cambiado. Y yo, también, he cambiado.

ULF
Sé que la última vez que estuviste aquí las cosas quedaron… ¿cómo decirlo? Sin concretar.

VALERIA
¡Ah! sí, la última vez.

ULF
Además ya te empezaba a salir… a salir eso.

VALERIA
Por cierto, ¿cómo está Karl?

ULF

Igual. A él sigue sin salirle nada.

VALERIA

¿Y la fusión?

ULF

Digamos que no va como esperábamos. La verdad es que no va bien. Se puede decir que nada bien. Para qué mentirte, un auténtico desastre.

VALERIA

¿Y qué está haciendo Karl?

ULF

Hace lo que puede, pero no es suficiente. Necesitamos un nuevo impulso. Un nuevo valor que termine de consolidar el proyecto.

VALERIA

Entiendo. Te arrepientes de la decisión que tomaste y quieres que yo me haga cargo.

ULF

No precisamente.

VALERIA

¿No? No te sigo.

ULF

Verás, desde que se dio a conocer la fusión, nuestras acciones han caído de forma estrepitosa. Parece que fusionarnos con una multinacional con un currículum público tan, ¿cómo decirlo?, tan poco ecológico, no ha sentado muy bien en los mercados bursátiles. Y es ahí donde hemos pensado que podrías entrar en juego…

VALERIA
¿En juego? ¿Para qué?

Silencio.

ULF
Mi querida Valeria. ¿Cuántos años hace que nos conocemos?

VALERIA
¿Cuánto años?

ULF
Muchos, muchísimos. Aún recuerdo cuando entraste como becaria y cómo, poco a poco, fuiste subiendo y subiendo hasta convertirte, no te lo voy a negar, en mi mano derecha.

VALERIA
La misma que te amputaste para regalársela a Karl.

ULF
Yo no lo diría así.

VALERIA
La misma que sacrificó parte de su vida privada por esta empresa.

ULF
Puede ser un mundo muy competitivo.

VALERIA
La misma que era como una hija para ti y no tuviste problemas para apartarla.

ULF
No nos pongamos melodramáticos, Valeria.

VALERIA
¿Qué quieres exactamente de mí, Ulf?

ULF
Queremos que seas la nueva imagen de la compañía.

VALERIA
¿Cómo?

ULF
Sí, ya sabes. La cara agradable. Intervenir en los actos, algún anuncio en algún prado verde o, incluso, podríamos crear una fundación para el desarrollo rural o protección de especies en extinción. Lo que quieras.

VALERIA
No puedo.

ULF
¿Por qué? Dinos una cifra y llegaremos.

VALERIA
No es por dinero.

ULF
¿Ya te ofrecieron ser la imagen de un partido político? ¿De alguna empresa de la competencia?

VALERIA
No, tampoco.

ULF
¿Entonces? Piensa en todo lo que supondría.

VALERIA
Precisamente por eso.

ULF

¿Por qué?

VALERIA

Porque sería una farsa. Me usaríais para hacer una lavado de imagen, pero todo continuaría igual. Seguiríais especulando, sobornando y contaminando sin reparo alguno. Nada cambiaría.

ULF

Te equivocas, hay algo importante que sí cambiaría.

VALERIA

El valor de la compañía, por supuesto.

ULF

Y la tranquilidad de la gente, Valeria.

VALERIA

¿Qué os importa la gente si la estáis engañando?

ULF

La engañamos, sí, pero, ¿cómo decirlo?, por su propio bien.

VALERIA

Esto es lo que me faltaba por oír.

ULF

Es así, Valeria. La gente necesita alcanzar esa tranquilidad aún a costa de ignorar la realidad. ¿Por qué piensas si no que compramos yogures con etiqueta verde y la palabra bio? No queremos saber la realidad, sólo queremos estar tranquilos. Comernos el yogur y pensar que con eso el planeta está a salvo. La gente agradece que cuando compra unos pantalones en su etiqueta aparezca un árbol, aunque se contaminen miles de litros de agua. ¿Por qué? Porque no quieren conocer la realidad sobre la que se cimienta su forma de vida. Nadie está dispuesto a renunciar a ella.

VALERIA

Yo sí. Yo renuncié a todo por una idea y unos valores.

ULF

¿Es eso lo que crees, Valeria? ¿Te has preguntado quién está detrás de tu fulgurante ascenso dentro de la opinión pública? ¿Quién y por qué te colocan en las portadas de la prensa y en las noticias de medio mundo? ¿Por qué políticos y grandes personajes se entrevistan contigo?

Silencio.

ULF

¿Ves? Tú, en el fondo, tampoco quieres saberlo.

22

En el invernadero.
ÓLIVER *va encendiendo cerillas, una tras otra, a medida que se van consumiendo.*

ÓLIVER

En el jardín de mi madre había muchas plantas, de diferentes tamaños, diferentes formas. Algunas fueron regaladas, otras compradas. Unas crecían en invierno, otras en primavera. Pero todas parecían tener una cosa en común, su belleza. Los vecinos traían a familiares para que vieran el jardín e, incluso, le preguntaban a mi madre si podían sacar fotos. Mi madre, toda satisfecha, respondía a las preguntas que le hacían sobre una u otra en concreto. Yo, simplemente, observaba la dedicación de mi madre por su jardín que, de una forma u otra, era una extensión de ella misma. De entre todas las plantas, a mí me llamaba la atención una que parecía un cactus con hojas estrechas y alargadas que se expandían con desgana por fuera de la maceta. Me llamaba la atención porque rompía con la belleza del resto de plantas. De hecho, por épocas, hubiera pensado que estaba muerta si no fuera porque mi madre seguía cuidándola. Un día le pregunté a mi madre por aquella planta y por qué la mantenía en el jardín. Ella me respondió que se llamaba *Reina de la noche* y que, aunque yo la viese así, en algún momento, de ella florecerían las flores blancas más bonitas que existían. Sospechando que todo era una invención de mi madre quise saber qué era aquello que las hacía tan especiales. Porque sólo aparecen una vez en la vida de la planta, me dijo. Y sólo duran lo que dura una noche. En mi cabeza, desde entonces, me imaginaba aquella flor como una cerilla encendida que, en pocos segundos se apaga. Igual que los momentos en los que somos felices en la vida.

23

El MÉDICO *y* ESTELA *en la consulta.*

ESTELA
Sabemos lo que está haciendo.

MÉDICO
No sé a qué se refiere. Si pudiera ser más concreta... Hago muchas cosas.

ESTELA

Me alegra ver que aún tiene sentido del humor. Le hará falta cuando el gabinete jurídico de GreenPower lo demande y pierda hasta la licencia.

MÉDICO

¿Demandarme? ¿Por qué? Soy un profesional con una carrera irreprochable.

ESTELA

¿Llama irreprochable a violar la ley de marcas, la ley de derechos de imagen y un sinfin más de leyes mercantiles?

MÉDICO

No sé de qué me habla. Debe de existir un error. Soy médico, mi labor es salvar vidas y/

ESTELA

Y, últimamente, hacer injertos.

MÉDICO

¿Injertos? Ahora lo entiendo. Se ha confundido de clínica. Viene buscando la clínica de estética. Menudo susto. Está en el mismo edificio, pero en otra planta. Si me acompaña…

ESTELA

Deje de negarlo. Tenemos los testimonios de varias personas a las que usted ha realizado injertos de plantas.

Silencio.

ESTELA

No dice nada. Mejor, guarde sus explicaciones para el tribunal.

ESTELA *se dispone a irse.*

MÉDICO

De acuerdo. Lo confieso. Vi una oportunidad con la popularidad de Valeria.

ESTELA

Una oportunidad de hacer negocio.

MÉDICO

Sí, también. Pero no era esa la principal causa.

ESTELA

¿No fue el dinero?

MÉDICO

Claro que no.

ESTELA

Extraño, porque sus clientes han reconocido las altas cantidades que han pagado.

MÉDICO

¿Sabe cuánto cuesta una liposucción? ¿Un aumento de pecho? ¿Un trasplante capilar? No son intervenciones baratas. Pero, aun así, las personas están dispuestas a pagarlas. Esto no es diferente.

ESTELA

Sí que lo es. En este caso Valeria y su imagen está registrada por GreenPower.

MÉDICO

¿Acaso es un delito ayudar a que alguien se sienta mejor consigo mismo?

ESTELA

Cuando es hacer copias de algo que está protegido legalmente, sí.

MÉDICO

¿Y la felicidad de todas esas personas que quieren parecerse a Valeria? ¿Que quieren sentirse importantes? Yo sólo quería democratizar esa oportunidad.

ESTELA

¡Ah! Sólo quería que hubieran muchas Valerias en el mundo.

MÉDICO

No exactamente. Yo soy un sanador, si puedo reparar algo, lo hago.

ESTELA

Usted sabe tan bien como yo que por llevar una planta en la cabeza no sana a nadie.

MÉDICO

¿Eso cree?

Con sus manos encuadra la cabeza de ESTELA.

ESTELA

Por supuesto, usted se ha aprovechado de la ingenuidad de la gente y ha creado una ilusión, meras falsificaciones de algo único.

MÉDICO

Interesante.

Se acerca y observa el perfil de ESTELA.

ESTELA

Los primeros días el hechizo funcionará, pero ¿y después? ¿Cuánto tiempo cree que tardará en desaparecer como un espejismo?

MÉDICO
Caucásica y buen occipital.

ESTELA
En cuanto pase la novedad. Lo que usted vende es un producto con fecha de caducidad.

MÉDICO
Frontal poco agresivo. Mire a la izquierda.

ESTELA *gira su cabeza hacia la izquierda.*

ESTELA
Esas personas sólo fantasean con cómo podrían mejorar sus vidas.

MÉDICO
Ahora a la derecha.

ESTELA *gira su cabeza hacia la derecha.*

ESTELA
Promete felicidad, pero una vez alcanzada la ilusión, todo se viene abajo y la felicidad nunca llega.

MÉDICO
Parietal y temporal levemente curvados.

ESTELA
¿Me está escuchando?

MÉDICO
Sí, por supuesto. *(Pausa breve.)* ¿Le han dicho alguna vez que tiene un cráneo con mucha potencialidad?

24

En el invernadero el GURÚ *y* VALERIA.

GURÚ

Y bien, ¿de qué necesitabas hablar con tanta urgencia?

VALERIA

Quiero que me digas quién está detrás.

GURÚ

¿Detrás de qué? ¿A qué te refieres?

VALERIA

Detrás de todo este movimiento, detrás de mí. ¿Quiénes son esos misteriosos benefactores? ¿Cómo he logrado alcanzar tanta repercusión en tan poco tiempo? Hace unos meses nadie me conocía y, ahora, incluso, hablan de proponerme para el Nobel de la Paz ¿Cómo es posible?

GURÚ

No es fácil responder a todas tus preguntas.

VALERIA

Entonces, respóndeme sólo a una: ¿soy su títere?

Silencio.

GURÚ

Valeria, ¿sabes cuántas religiones existen actualmente en el mundo? Más de cuatro mil. ¿Y cuál crees que es la que cuenta con más seguidores? ¿El cristianismo? ¿El islam, tal vez? ¿El budismo? No, ninguna de ellas. El capitalismo.

Valeria

¿Y eso justifica el ser un títere en sus manos todo este tiempo?

Gurú

¿Acaso no lo somos todos? Sé que ahora sientes rabia y dolor, pero de ese mismo dolor vendrá un amanecer. Es el único camino para renacer. Yo mismo lo he transitado. *(Pausa breve.)* Antes era un persona con ideales puramente mundanos. Supongo que a tus oídos ya llegaría el accidente de coche que sufrí contra un roble centenario en el que murió mi mujer. Lo que igual no sabes es que lo primero que hice tras salir del hospital fue ir junto aquel árbol. Y al llegar, allí seguía, poderoso, desafiante, prácticamente intacto. Aunque sea difícil de creer, en ese instante, al mirarlo vi en él a mi mujer. Estaba allí. De alguna forma inexplicable, sentí que su espíritu se había unido al del árbol. Eran un todo. En mí, entonces, nació la esperanza de que, mientras estuviera junto al árbol, el dolor por la pérdida de mi mujer se apaciguaría. Y durante meses regresé, día tras día, a aquel lugar. Pero, inexplicablemente, esto no hizo menguar mi dolor. Muy al contrario, lo acrecentó. Enfurecido, sin poder soportarlo más, una noche decidí cortarlo. Deseaba talarlo y cortar ese dolor que me quemaba por dentro. Me hice con una sierra eléctrica y, a la mañana siguiente, me dispuse a ponerle fin. Con la ayuda de una escalera de mano, antes de empezar, trepé hasta las ramas donde había quedado el cuerpo de mi mujer. Y lo que me sucedió allí arriba fue algo milagroso. Entre aquellas ramas, después de mucho tiempo, por fin, me sentí sostenido al igual que si los brazos de mi mujer aún me sujetaran. Con el paso de los minutos, comencé a experimentar cómo el dolor desaparecía en una especie de reconciliación conmigo mismo. Fue en aquel preciso momento cuando tuve la revelación del poder de la naturaleza. Ella es la que nos sostiene. Ella es la que nos reconcilia con la vida. Por eso, desde entonces, antes de compartir este descubrimiento con los que quieren oírlo, me subo a una escalera que me ayuda a trepar a las ramas invisibles que sostienen el mundo.

Silencio.

VALERIA

No. No es verdad.

GURÚ

Es la única verdad que existe, Valeria.

VALERIA

Mientes. No lo cortaste porque te sintieras sostenido. No, no fue por eso. Si no por tu egoísta instinto de supervivencia. No fuiste capaz de renunciar a no salvarte y quisiste conseguirlo a través de la salvación de los demás. Por eso todo esto, por eso inventaste una causa en la que no crees. *(Pausa breve.)* Yo sí seré capaz de renunciar.

VALERIA *sale.*

25

En el dormitorio. ESTELA, *con un pañuelo igual que el que usa* VALERIA, *entra seguida de* ÓLIVER.

ESTELA

¡Valeria!

ÓLIVER

Ya te he dicho que no está. Y tampoco responde a mis llamadas.

Estela
  ¡Valeria!

  Estela *busca por la habitación.*

Óliver
  Pierdes el tiempo. ¿Qué crees que la he metido debajo de la cama?

  Estela *mira debajo de la cama.*

Óliver
  Esto es absurdo. Si quieres puedes mirar también en la ducha.

  Estela *sale para inspeccionar el baño.*

Óliver
  Si usas el váter tira de la cisterna, ¿quieres?

  Estela *regresa.*

Óliver
  ¿Ya estás contenta?

Estela
  ¿Dónde está?

Óliver
  No lo sé.

Estela
  ¿Qué le has hecho?

Óliver
  ¿Yo? Nada.

ESTELA *le dobla el brazo a* ÓLIVER *ante las protestas de este.*

ESTELA
¡Habla ahora! ¿Dónde está?

ÓLIVER
No sé dónde está. La última vez que la vi fue en el estudio de grabación.

ESTELA *termina soltando a* ÓLIVER *que queda dolorido.*

ESTELA
Si me estás mintiendo…

ÓLIVER
¿Por qué iba a mentirte?

ESTELA
Porque eres un fracasado y sólo la quieres para tener tu momento de gloria.

ÓLIVER
¡No es verdad!

ESTELA
¿El qué?

ÓLIVER
No soy un fracasado.

ESTELA
Sí que lo eres.

ÓLIVER
Es sólo una crisis temporal.

ESTELA
No publicas nada desde hace una década.

ÓLIVER
El arte no entiende de tiempo. ¿Por qué llevas un pañuelo como el de Valeria?

ESTELA
¿Esto?

ÓLIVER
¿Qué sabes que yo no sé? ¿Todo esto es una especie de juego?

ESTELA
¿Un juego?

ÓLIVER
Ahora usas su pañuelo y luego ¿qué será?

ÓLIVER *le quita el pañuelo a* ESTELA *dejando a la vista la parte superior de su cabeza.*

ÓLIVER
¡No es posible!

ESTELA
Yo, no sé qué decir.

ÓLIVER
Pero tú…

ESTELA
Eres la primera persona que lo ve.

ÓLIVER
Entonces, sí. Tú también…

ESTELA
No se cómo me dejé llevar.

ÓLIVER
Es, es mágico.

ESTELA
¿Tú crees?

> ÓLIVER, *lentamente, empieza a dar vueltas alrededor de* ESTELA *observando su cabeza.*

ESTELA
Hasta a mí misma me cuesta creerlo.

ÓLIVER
Es… hipnótico…

ESTELA
Me siento tan poderosa…

ÓLIVER
Nunca creería que…

ESTELA
Me entran ganas de gritar.

ÓLIVER
Me dejarías…

ESTELA
¿Tocarla?

ÓLIVER
No… Tocarte…

ESTELA
¿A mí?

ÓLIVER
Sí.

ESTELA
Bueno, es raro, pero…

> ÓLIVER, *a medida que le va tocando el hombro y el cuello, se va excitando junto a la propia* ESTELA *que imita el grito de Tarzán, antes de que comiencen a besarse con urgencias.*

ÚLTIMA ETAPA: LA MUERTE DE LA PLANTA

26

En el invernadero, VALERIA, *sentada en un borde, tiene las piernas dentro del bancal.* JARDINER@ *está a su lado.*

JARDINER@

Durante la primera Guerra Mundial los soldados franceses solían llevar metidas en los bolsillos las semillas que sus mujeres les entregaban. Así, si caían en el frente y sus cadáveres eran olvidados, cuando terminase la guerra ellas reconocerían donde yacían gracias a las plantas que brotarían de sus cuerpos. Como todo ser vivo, la última etapa en el ciclo vital de la planta es la muerte. Una vez cumplida su misión, sus estructuras se descomponen y sirven de abono. Es final y comienzo. El fascinante recorrido se completa con la emoción de haber transitado por todas las etapas y la promesa de una continuidad a través del legado dejado por medio de nuevas semillas.

JARDINER@ le entrega una tijera de podar a VALERIA *que, de pie dentro del bancal, realiza un corte limpio por encima de su cabeza. Para, posteriormente, hundirse en el bancal hasta desaparecer.*

Jardiner@ *cubre con cuidado su cuerpo de tierra y lo riega. Después,* Jardiner@ *sale.*

La oscuridad, progresivamente, irá cerrando el invernadero hasta que, unos instantes antes de que lo oculte por completo, del bancal, brote el tallo de una nueva planta.

Telón.